# LE PHILOSOPHE CYNIQUE,

POUR SERVIR DE

# SUITE

AUX

# ANECDOTES SCANDALEUSES

De la Cour de FRANCE.

BIBLIOTHÈQUE IMPÉRIALE IMPR.

*Il en est des milliers, mais ma bouche enfin lasse,*
*Des trois quarts pour le moins veut bien te faire grace.*

BOILEAU.

Imprimé dans une ISLE qui fait Trembler la TERRE FERME.

# INTRODUCTION.

LES Anecdotes, que je viens de donner au public m'ayant parú étre du goût de quelques amis, que j'ai consulté j'ai cru devoir repondre à leur opinion sur ce nouveau genre en le continuant. Ce sera aux depens de quelques gens

 vicieux

vicieux ou ridicules à qui je dois des avis (en ma qualité de philoſophe) que je corrigerai l'humanité. C'eſt un devoir que je veux remplir avant de m'enfermer dans mon tonneau pour fixer le ciel, & me remettre tranquillement des fatigues que je me donne pour être utile au monde.

Il

Il eſt bon, que je préſente l'idée, de ceque je veux traiter dans ce nouvel eſſai qui comprendra les matières dont je n'ai pu faire uſage dans un traité de morale auſſi abſtrait, que celui qui précede. Les exemples que je vais rapporter feront une leçon générale à la quelle je puis appliquer l'axiome " *attrape* " *qui peut.*"

Les

Les etrangers, qui aiment Paris, les François qui aiment les filles, trouveront dans cette collection des anecdotes plaisantes dont ils ont pû être les acteurs. Il y a trop d'amateurs dans ce pais ci pour que les dé tails, que je ferai ne soient pas aussi familiers à certains lecteurs qu'à moi-même. Ceux qui n'ont rien vû par eux se serviront

viront de mes leçons pour s'instruire sur les secrets des coulisses dont je vais leur lever le rideau. L'étude de la nature tout nue aura plus de droit sur l'attention de bien de gens, que des nouvelles politiques dont la confidence leur importe peu.

On ne me croira peut être pas philosophe sur parole, mais

si

ſi j'opere quelque merveille en démaſquant de fameux coupables, ſi je rends vertueux les vill----les marig---ſi je rends modeſtes certaines femmes ſans pudeur, qui ont oublié ce qui leur eſt dû ; ſi je force des gens iniques à être juſtes (ne le fuſſent ils qu'une fois ?) n'aurai je point rempli le but que doit ſe propoſer un homme de bien ?

Ne

Ne fuſſai je point ſage, qu'importe aux gens qui profiteront de mes avis ? Ce n'eſt jamais qu'en faiſant Rougir le vice qu'on le force à ſe cacher : Un homme plus vertueux que moi, n'aurait peut être pas mon courage.

## EPÎTRE DEDICATORIE

### Aux Choeurs de L'Opera.

Mes Dames,

SI le ciel vous eût donné des vertus, je n'aurais pas l'honneur de vous connaître, mon goût dépravé ne m'ayant jamais

 rap-

rapproché que des femmes corrompues, il fallait vos faiblesses pour me procurer *l'avantage* de vous être présenté; recevéz, mes dames, le tribut de ma reconnaissance, et l'hommage que vous doit mon coeur; ce n'est pas le fade encens d'un adulateur que je vous offre, ce serait me des honorer sans vous plaire, que de vous donner faus-

fauſſement d'autres qualités, que celles que vous devez à la nature ; ma franchiſe s'y réfuſerait, quand je ne ſerais pas aſſuré que vous préferez paſſer pour ce que vous êtes, *& être eſtimées au prix de l'or*, au frivole avantage de vous entendre dire des choſes, que vous ne voudriez pas meriter.

Je

Je vais pénétrer, mes dames, dans le ſecret de vos conſciences, et donner des details de vos galanteries, qui amuſeront le public ſans aucun danger, & pouront le prévenir ſur ceux qu'il peut avoir à craindre de votre part : J'eſpere faire un tableau aſſés reſſemblant pour que vous conveniez toutes enſemble, que je vous connais, que je vous

rends

rends juſtice, & que je n'ajoute rien à la verité.

Agréez l'aſſurance du reſpect qui vous eſt du, & croyez moi ſans raillerie,

*Mes Dames,*

*Votre tres humble*

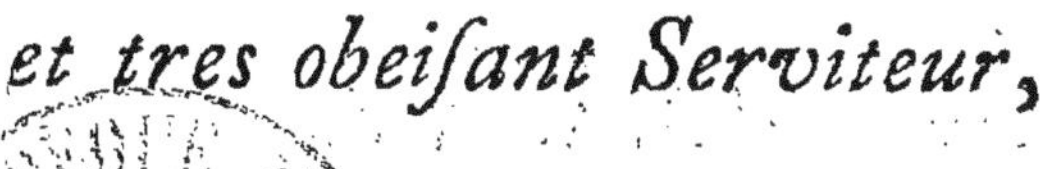

*et tres obeiſant Serviteur,*

Diogenes.

# NOUVELLES

## DE L'OPERA,

## VESTALES & MATRONES

## De *Paris*.

ON avertit le public qu'il regne parmi les filles de l'opera, une maladie epidémique qui commence à gagner les femmes de la cour, & se communique jusqu'a leurs la quais; cette maladie allonge les figures, efface le teint, dimînue l'embonpoint & occasione des ravages êffrayans ou elle se fixe, on voit des femmes *sans dents*, d'autres *sans sourcils*, on en voit *de paralitiques*, *&c. &c. &c.* on recommande aux amateurs les baptêmes *du sieur préval* (a) *docteur en medecine*, qui a

(a) Préval Docteur en Medeinne, a fait une epreuve lui meme sur un sujet choisi par six medecins jaloux de sa gloire et s'en est tiré avec les applaudissemens de tout le monde cette épreuve à mis son eau en vogue ponr tous les gens de la cour.

prouvé

prouvé démonstrativement qu'on peut passer tout l'opera en revue sans rien craindre pourvû qu'on boive de son eau, & qu'on soit baptisé de samain.

NICOLE voyant Mademoiselle *Du Bois* en danger de mort à assuré que s'il la perdait c'etait une perte de cent pratiques pour une.

Mademoiselle *Beaumenil* ayant admis un prince du sang dans son lit a éte obligée de demander un congé de six semaines aux directeurs pour se rendre enbaviére ou elle ſera preſentée par le Sieur *Keiſer*, grand maréchal de cette cour.

Mademoiſelle *Hingel* a reſu-gé un Duc Eſpagnol, & un atelage Anglois avec cent louis par mois et une maiſon entretenue par ce qu'on lui a fait craindre quelques *qui pro quo* de la part du Duc *qui a les inclinations un peu orientales* Mademoiſelle *Hingel* en attendant mieux ſ'ammuſe à pelotter avec le danſeur ſierville.

Mademoiſelle *Guimard* eſt reçue

çue dame de charié de sa paroisse et se trouve tres bien de sa pieuse recolte qui a éte cetre année tres abondante on croit que les aumones lui rendent le double de ses faveurs *(b)*.

Mademoiselle *Darcy* ne fait pas ses voyages heureux, elle en a fait un en Suéde l'hyver dernier qui lui coute *six dents*, et un fermier des postes qui la quittée aussi vite que le brave

(*b*) Mademoiselle *Guimard* dansseuse de l'opera visite les malades leur porte de L'Argent du bouillon ensevelit les morts, &c. Elle recoit beau coup d'argent pour faire ses distributions.

orages

orageſki la quitta l'automne dernier au bois de Boulogne (c).

Mademoiſelle *Hingel* a mis tous ſes amis hors de danger, par une abſence de ſix ſemaines, qu'elle a paſſées à la campagne *de Keiſer*; la pureté de l'air, et les ſoins du maitre l'ont guerrie d'une maladie de langueur, qui ſe repandait ſur toutes ſes connaiſſances.

---

(c) Orageſki qui fait la guerre en France depuis qû'elle a commencé en Pologne ayant des raiſons de ſe plaindre de Mademoiſelle *D'Arcy* lui propoſa une partie au bois de Boulogne et la laiſſa ſeule á huit heures du ſoir au milieu de l'avenue de long champ.

Ma-

Mademoiſelle *Du Plan* ſ'eſt enfin brouillée avec le ſucculent *Colin* (*d*), qui depuis ſix ans faiſait les honneurs de ſa cuiſine, elle a paſſé ſans congé au ſervice de l'ambaſſadeur de Veniſe, qui la retient ſeulement *ad honores*.

On aſſure que le Chevalier de Choiſeuïl n'ayant pas le ſou, et ayant envie d'avoir Mademoi-

---

(*d*) Ce n'eſt pas Colin Tampon, ni Colin Maillard, ni le Berger Colin, *c'eſt Colin le Boucher*, qui fait des dettes comme les Grands Seigneurs, et qui entretient des filles comme eux, c'eſt lui qui a de'virginé Mademoiſelle *Beauménil*, qui par l'oeconomie de ſatante, l'a été tant de fois depuis.

ſelle

ſelle *Hingel*, l'a engagée dans une partie de campagne, où il l'a forcée à capituler par famine, quand il a vú que le ſentiment ne pouvait la vaincre, le deſeſpoir l'a emporté, et il l'a ménacée de la faire mourir de faim, ſi elle le faiſait mourir d'amour. Cette belle fille a eú l'humanité de ne vouloir ni l'un ni l'autre, et ſ'eſt rendue à diſcretion.

Mademoiſelle *Pélin* ayant eu un épanchement de laitſurnaturel l'a communiqué au Prince de Cont---qui ſans s'en douter l'a fait paſſer à Madame la Duchesse

cheſſe de B-----que l'on dit capable de le rendre à tout le monde.

Mademoiſelle *Arnout* vient de remplacer le Comte de Lauraguais par l'hotel des mouſquetaires gris, avec la permiſſion de ſa majeſte d'en avoir toujours un d'ordonnance chez elle.

Mademoiſelle *Teſtard* ayant dit au Marquis de Romé qu'elle ne l'aimerait jamais parce qu'il était laid, ſot, et lache: le Marquis pour lui pouver le contraire a vendú deux de ſes terres dont il lui a envoyé l'argent le lendemain.

Mademoiselle *Bovoisin*, Mademoiselle *d'Albigni*, et quelques autres princesses du même ordre qui donnaient à jouer chez elles ont été envoyées à la salpètrière ou elles se proposent de passer six mois par ordre du roi.

Mademoiselle *Beauménil* est logée, à ce que l'on dit, beaucoup moins grandement *qu'elle ne loge*, quoiqu'elle ait un hotel entier une grand cour, une remise, et deux écuries. Un

trouve

geométre qui a été ſur les lieux trouve ſa maiſon beaucoup trop étroite *pour ſes charmes.*

Mademoiſelle *Laurencin* qui pendant dix ans s'eſt promenée à pied ſous les lanternes de Paris vient de prendre un caroſſe que trainera Monſieur le Comte de Bintem dont elle a fait connaiſſance par hazard en faiſant ſon ſervice dans les Tuilleries *(f)*.

 Ma-

---

*(f)* Tous les ſoirs à la chûte du jour on voit arriver en foule au jardin des Tuilleries un régiment de petites ouvrières enyeloppées dans leur coëffes, de femmes qui ſe diſent veuves, de vieilles

Mademoiselle *Des Orages* vient de se faire reconnaître pour femme par deux chirurgiens experts qui ont affirmé avec serment, que malgré les apparences, *et les superfluites naturelles dont elle fait usage*, elle n'est pas ce qu'on appelle proprement *hermaphrodite (g)*.

---

vieilles courtieres avec des enfans ; qui toutes viennent se devouer aux vieillards honteux, qui en ont besoin : Mlle Laurencin a servi dans ce corps respectable pendant dix ans, et a été nommée à un emploi par Mr. le Comte de Binten, qui lui a trouvé beaucoup de dexterité dans ses exercises.

(g) Mademoiselle Desorages est construite sur le modèle de Mademoiselle Clairon elle a de plus qû elle la barbe et l'effronterie d'un grênadier.

Notre

Notre musique et la musique Italienne se sont arrangées par un médiateur, aprés s'être disputées le pas sur le theatre lyrique pendant long tems, *la musique Française reste au théatre, et le goût Italien domine toute l'académie royale, et les musiciens de Paris.*

---

Les soupers que Mademoiselle *Guimard* donne à pantin continuent à être très brillans, elle reçoit chez elle la meilleure, et la plus mauvaise, compagnie de France. Les Princes s'y rendent par désoeuvrement, et les demi

demi ſeigneurs par air. On parle d'aller a pantin comme d'aller à Verſailles.

*Veſtris* commence à ſe retablir d'un accès d'orgueil, qui a failli le ſuffoquer, après les excuſes que le public l'a forcé de faire a Maemoiſelle *Hingel (b)*.

Mr. *Deſpinchal* viant de donner une leçon à l'evêque d'Arras, dont nos prélats avaient beſoin pour les avertir que les gens

(*b*) Veſtris danſeur de l'opera n admet que trois grands hommes dans le monde Le Roi de Pruſſe, Voltaire et lui.

d'Egliſe,

d'Eglise, ne peuvent pas jouir aussi librement, que les gens du monde ; et qu'il est de leur devoir d'eviter le flagrant délit : Mr. *De Gonzier* aurait épargné douze mille francs, s'il avait été moins volupueux, et qu'il se fut contenté d'une Bergère. Mr. *Despinchal l'ayant trouvé au lit avec sa maîtresse* l'a forcé de lui rendre cinq cent louis qu'elle lui avait coûté depuis deux mois; après quoi il lui a cedé tous ses droits de proprieté ; moyennant cet arrangement Mr. *Despinchal* se trouve avoir joui pendant deux mois *aux dépens*

*de*

*de l'Eglise*: ce qui n'est gueres arrivé jusqu'à ce jour.

De toutes les filles qui dansent à l'opera on ne trouve que la seule Mademoiselle *Guimard*, qui n'a pas commencé par un laquais, un soldat, oú un perruquier, c'est au danseur leger (qui a eú l'indiscretion de le dire) qu'elle doit ses premieres leçons, et un enfant dont elle a accouché dans un grenier au milieu de l'hyver *sans feu*, *et sans courte pointe de dentelle*. Elle a gagné des dentelles, des diamans, et un carosse depuis cette

cette époque : c'eſt à cette triſte ſituation que l'on aſſure, qu'elle doit ſes vertus, et ſon humanité.

Il y a une Ecole à l' académie royale de muſique oú les douairiéres de l' Opera inſtruiſent les éleves à rougir par régles, à crier ſans douleurs, et à exprimer le ſentiment par des cadences. c'eſt par ce moyen, et la Pommade Aſtringente de du lac. que la mére de Mademoiſelle grandi (qui ſe dit ſa tante) a vendu



BIBLIOTHEQUE IMPERIALE

tant de fois l'innocence de sa fille apres y avoir retouché.

Ou évalue les ablutions necessaires à l' Opera de *Paris* à quatre mille par jour ce nombre ne paraitrait pas extraordinaire, si l' on connaissait le détail, prodigieux de Mesdemoiselles de *Ribbé*, *Villette*, *Lari*, d' *Orange*, et *Vernier*, qui sont occupés Jour, et Nuit.

Mademoiselle *Béze*, qui est arrivée á *Paris* il y a quatre ans avec une lettre de recomandation du Duc de Villars,

lars, tient á tous les grands ſeigneurs de la cour au jourd'-hui ; elle a entr' autres la confiance intime du Duc de Bouill---, du Comte de Noail---, et de quelques autres dévots, qui ſe relachent en ſa faveur de leur averſion pour le beau ſexe.

Mr. *Briſſard* ayant fait ſoixante mille livres de rente à Mlle *Veſtris*, cette reſpectable fille s'eſt déterminée à lui aſſurer par reconaiſſance une penſion de mille ecus, quand il a été ruiné.

Mademoiselle *La Forêt* a troqué une très belle riviere de diamans, contre une couronne de rubis Americains, dont lui a fait présent le Chevalier de la Tour, *Général des Galères de la Religion.*

Mademoiselle *Arnout*, qui continue à se mêler de tout a été ménacée de Ste Pélagie pour avoir dit, que quand le baril roulerait le chancel— aurait les jambes cassés.

Mademoiselle *Grandi* voulant il y a quelque tems prouver

prouver qu'elle était fidelle à son amant (avec qui elle avait une querelle de ménage) fit monter son portier, qui assura avec serment qu'il n'était entré, que six personnes suspectes chez sa Maîtresse dans toute la matinée.

Mademoiselle *Fleury Hoguard* est aujourd hui entretenue par le Prince de *Nassau* qui a cru' la première fois qu'il a couché avec elle, qu'il allait recommencer le tour du monde. *(i)*

---

*(i)* Le Prince de *Nassau* a fais le tour du monde avec Mr. de *Bouquinville*.

Crémille après avoir fait trois quarentaines de suite par précaution, est entrée au couvent des carmèlites, où on assure, qu'elle a fait un enfant, à force de travailler à oublièr le monde avec le directeur de cette maison.

Le *Comte* de *Sabr——* vient de donner des meubles à Mesdemoiselles *Testard* & l'huilier, ainsi qu'a quelques autres filles moins connues qui ont vendu les leurs pour payer ses dettes : Ce qui est arrivé plusieurs fois.

Il

Il a paru bien extraordinaire à l'academie de Chirurgie, que Mademoiselle *de la Vaux* étant grosse de huit mois, ait fait une fausse couche en dansant, *sans s'en appercevoir.*

Mademoiselle *Vernier* a été forcée, de suspendre son detail, pour une grossesse dont elle accuse plus de vingt personnes.

(*k*) *Dorothee du Bar*—qui a-

(*k*) *Dorothée du Bar*—a été la Maitresse du Comte de ce nom conjointement avec Mademoiselle de L'ange; il sen arrangea en 1766 avec Mr. de Bintem, apres l'avoir engagée plusieurs fois pour un tems fixe à tant par mois.

vait

vait paſsé juſqú ici pour être ſkirreuſe, vient d' étre guerrie radicalement *en quarente jours* avec un remêde connú de toute la famille Françaiſe dont elle porte le nom.

Mademoiſelle *Lany*, et Mademoiſelle *Lyonnais* ayant eſſuié des reproches de la part des directeurs pour leurs trop fre'quentes indiſpoſitions, ſe ſont retirées chez *Nicolet* avec Mademoiſelle *Caron*, les actrices de ce théatre ayant le privilége *d'etre malades toute l' annee.*

Made-

Mademoiſelle *Contat* accuſée par le Sr. *Barois* d' avoir des ardeurs utérines implacables, a été guerrie radicalement par le frére quêteur des carmes, qui s' eſt ſervi du ſecret de ſa communauté pour cette cure merveilleuſe.

Mademoiſelle *Bon*, Mlles bous carelle, de Lorme, et quelques autres *Vieux grenadiers de l' Opera*, ont embraſſé ' l'état de Madame *Gourdan*, quand elles on vu ' l'impoſſibiité de Continuer le leur.

Mes demoiſelles de St. Julien, St. Firmin de Freſnay Beaupré Beauvoiſin, &c. N'ayant pu' obtenir d' étre en pied cette Année, ſe ſont miſes à la ſuite de la légion de Madame *Gourdan*, oú on aſſure qu'elles ſont des prodiges de valeur, en attendant qu'elles ayent de l' emploi.

Meſdemoiſelles le *Doux* et *Sarron* chaſſées il y a quatre ans de l' Opera, pour des verités qu'elles s' adreſſérent amicalement dans les Couliſſes ; viennent d' étre bannies de *Paris*, pour avoir mis a la mode un goût fantas-

que

que dont toutes leurs amies ont le ſecret.

On a découvert que Mademoiſelle *Montenſier* qui feignait de n'etre que directrice de troupe, s'entendait avec Meſdames *Montigny*, *Gourdan*, &c. pour faire la commiſſion dans les provinces.

Le délicat Molé et la tendre Madame *Previ....ſont* condamnês par les medecins, a mourir ſympatiquement des ſuites d' un amour, qui leur eſt tombé ſur la poitrine.

Made-

Mademoiselle *St. Fal* dont on trouve la figure precisement découppée pour les roles d' horreur, fait des progrès si étónnans dans ce genre, qu'elle fait frêmir tous les Spectateurs, dès qu'elle parait au thèatre.

Madame *Favard*, qui a illustré le marechal *de Saxe* autant que *Fontenoy*, est reduite aujourd' hui à la triste ressource de s' amuser avec de l' esprit; on assure qu'elle n' a jamais été poussée à bout par le plaisir, et qu'elle a encore toutes les prétentions de la fée ur-

urgelle, quoiqu'elle n' ait ſon ſecret qu' au thèatre.

Mademoiſelle *du Freſne* paſſe pour avoir une belle ame, et un corps tres vaſte, ſa ſoeur paſſe pour une machine, dont les proportions ſont toutes différentes.

Mademoiſelle *de St. Martin* *(l)* a trouvé Mr. de *Bintem* ſi dêgoûtant, qu'elle a été obligée

---

*(l)* Mademoiſelle de St. Martin, ayant vu que Mr. de Bintem lui manquait de reſpect dans un tête a tête ſaiſit ſon offrande avec des pincettes rouges, et le mit en ètat d'obtenir les invalides de l' Opera par cette bleſſure.

de

de le prendre avec des pincettes qui ma heureufement fe font trouvées rouges.

Mademoifelle *Allard* ayant eû de groffes paroles avec Mlle *Pelin fa rivale pour la danfe*, a Imaginé dans un ballet boufon de lui détacher quelques coups de pied affez adroitement pour ne pas étre vue par le public; pélin n'ayant pas eu l'addreffe de les lui rendre, a Ripofté d'une croquignole a point fermê, qui a indignê tous les fpectateurs: *Trial le Breton*, et *Joliveau* qui font juges nés de l' Opel'Opêra, ont condamné les deux amazones à faire le ſervice de tout le tribunal l'une pendant ſix mois, l'autre pendant un an.

Le Prince de Soubiſe qui avait dèrangé l'adminiſtration de l' Hôpital par ſon entrepriſe des fiacres, commence à retablir ſes affaires depuis qú il eſt intendant des menus de Mademoiſelle *Guimard*. (m)

(m) Le Prince de *Soubiſe* a été en même tems Chevalier d' Honneur de la Marquiſe de l' Hopital, entreteneur de la filledu directeur des fiacres et intendant de Mademoiſelle Guimard par ſemeſtre vec le Sr La Borde valet de Chambre, du Roi.

Le Prince de Cont. ayant vû que l' opéra le trompait, et que ses pensionaires lui ètaient Toutes les infidèles ; en a fait rayer douze de l' état de sadépense : au moyen de cet arrangement, le Sieur *Guer*in Chargé de son Casuel, pourvoyera extraordinairement aux besoins de ce Prince, qui s'est restreint á Mademoiselle *Pelin*, et à deux figurantes.

Le Comte de *P---- Ki* dégoûté de *Paris* par la malpropreté de Mlle du thé est parti de cette ville au sortir d'un bain par-

parfumé que la frayeur, lui a fait prendre, en se précipitant dans la garderobe de cette belle fille *maîtresse du Duc de Durf.*— *qui les a surpris couchés ensemble*: Le duc a assurè avoir trouvè son rival à la nage dans les débris d'une chaise percée *qui n' avait pas été vuidée de quinze jours*; pour comble de disgrace, le lieutenant de police qui n' aime point les odeurs lui a enjoint par lettre de cachet d'aller s'essuier, et prendre, l'air hors du royaume.

L'uſage permet au jour d'hui à nos filles de ſpectacle, d'avoir *trois amans en titre*, ſans compter, celui qui les ruine ; ſi elles en ont plus, on les regarde avec mépris comme Meſdemoiſelles *Godeau*, *Delfevre*, *Beze* et autres détaillantes ; ſi elles en ont moins on les ſoupconne ou d'un conformation défecteuſe comme Mademoiſelle le *Doux*, (o) ou d'etre ſottes comme Mademoiſelle la *Chanterie* ; quand on ne leur

---

(o) Le nom de guerre de Mademoiſelle le *Doux* eſt *la fraize* terme de boucherie qui ſignifie un vent re de veau l'idée n'eſt pas ragout ante.

impute

impute pas l'hypocrisie de Mademoiselle *Durancy*, qui aime mieux se servir de son laquais, et sauver, les apparences, que d'avoir une affaire de coeur.

## Nouvelles Enigmatiques.

IL y a dans la société a *Paris*, un homme qui a gagné ses culottes, une maison meublée, un carosse, *un nom*, et dix mille Louis en une soirée : cet heureux mortel s'intitule au jour d'hui *Marquis*, et jouit de 50 mille livres de rente.

Le gouvernement vient de chasser de *Paris* le fils d'un cocher

cher Italien connu ſous le nom de comte qui a joué le role de *colonel* au ſervice du pape, d'eſpion au ſervice des la police, et de merc—pour la commodité de ſes amis.

Il y a eu une querelle entre un chevalier de St. Louis qui a acheté ſa croix, et un colonel qui s' arrache la barbè, qui ſe ſont faits publiquement des reproches ſi extraordinaires qu ils ont etonné tout le monde; la ſcène a fini par des epithetes de caractere que les connaiſſeurs ont

ont trouvé tres bien appliquées.

L'ambaſſadeur d'un grand empire, qui s'était chargè des détails domeſtiques d'un miniſtre de rèpublique, vient de retrancher cet article de ſes dépenſes.

Il ya à la cour de *France* une Marquiſe qui à force d'avoir perdu de l'argent, et de l'honneur, pour payer ſes dettes, a été obligée de demander une place pour exiſter ſans ſon honneur qui lui eſt devenu inutile au

II

aujour d'hui avec ses créanciers qui n'en veulent plus.

Nous avons un duc portant un des plus grands noms de *France*, dont le père est mort au lit d'honneur, qui quoique né avec quatre cent mille livres de rente, et mari d'une femme qui a été quinze ans dans la plus grande faveur, a toujours été évité par tout le monde : ce Duc porte habituellement *vingt petites boucles à sa perruque* ; certaines gens disent qu'il voit beaucoup de filles, d'autres disent précisément le contraire.

Il

Il paſſe pour conſtant qu' après un prélude de dix mois, un jeune prince d' unedes plus grandes maiſons de *l'Europe*, eſt entré en conjonction avec la princeſſe ſa femme dans le ſigne du bèlier ; cet augure ſerait effrayant ſi le ſang de Céſar pouvait ètre ſoupconnè.

Le Marquis de *Né—D— L.* officier des mouſquetaires gris, a obtenú un congé de trois mois pour aller relever une abbeſſe de ſes voiſines de ſon voeu de chaſtétè ; il y à *Paris* un marèchal de *France* du nom

de

de l'abbeſſe, et en champagne une ville qui porte le nom de ſon abbaye.

Un de nos plus jolis ducs qui vient de ſe laiſſer *empaulmer* pour le mariage, a fait une ablution generale de ſa perſonne entre les mains de l'*Archevèque* de *Paris*; ce prélat ayant verſé l'eau ſur un braſier, a chanté le *Veni Creator* pour purifier le ſang de cette maiſon auſi contagieux pour les hommes *que pour les femmes.*

Il y a à *Paris un petit marquis de cinq pieds moins un pouce,* qui ſe promème aux tuileries tous les ſoirs dans les endroits ſuſpects, mais qui en revanche ſe montre en Public avec des filles, qui dit du mal de tout le monde mais qui ne ſe fache point qu'on en diſe de lui (meme en face) qui a tué des gens qu'il n'avait jamais vú, *(r)* mais qui laiſſe vivre ceux qui ont voulú l'aſſommer, ce Marquis eſt montré au doigt par tout oú il va, mais cependantil voit tout le monde ; ſi lon dem-

*(r)* Le Marquis de *Sabran* que le Marquis de *Cinq* pieds moins ün pouce diſait avoir tué, etait effectivement mort d'un fluxion de poitrine le même jour mais ils ne s'etaient jamais vu.

ande

ande pourquoi? c'eſt parcequ' il a *cinquante mille ecus de rente, une bonne table, beaucoup d'effronterie, et un peu d'eſprit.*

Une femme du premier rang qui a reſiſté, à ſon maître pendant long tems, vient de ſe jetter à la tête d'un abbê de mauvaiſe compagnie et de mauvaiſe ſanté qui l'en a déja fait repentir.

On a publiè un monitoire pour ſavoir ce qu'etaient devenùs le ſceptre, et la main de juſtice d'un des plus grands rois de *l'Europe*, aprés des perquiſitions très longues ils ſe ſont trouvés ſur la toilette d'une jolie ſemme apellée comtesse qui s'en sert pour amuser son chat.

On a frappé une mèdaille sur la quelle on voit un homme de robe, monté sur une échelle pour atteindre à un clou oú il attache une corde ; autour de cet emblême est l'exergue *nobis haec ascensio grata.* Le revers est la *France* à genoux aux pieds d'un prince environné de serpens, de vipéres, et autres animaux vénimeux qui se lancent sur elle pour la déchirer.

Une trés grosse duchesse, qui fait une ènorme consommation en bonnes fortunes, s'etant trou-

vée

vée tête à tête avec un joli petit duc *(s)* dont elle a attaquè trop vivement la pudeur, ce vertueux jeune homme en a porté ses plaintes à son pére, qui sur le champ en a instruit le *procureur général* et l'a forcé de poursuivre au nom du roi : les femmes des pairs doivent s'assembler à cette occasion dans le courant du mois prochain

*(s)* Ou croit que c'est Mr. le Duc de *Gevr*. Gel—a eté viole par Madame la Duchesse de la —*V*—— Mademoiselle *Doligny* par Madame la Duchesse de *Vil*, Mes dames de, de, de, de, *&c.* violeraient les gar des suisses s'ils et aient désarmés.

pour

pour instruire cette grande affaire, qui n'inquiéte pas la coupable par la confiance qu'elle a dans ses juges qui lui ont presque toutes donné l'Exemple.

Un de nos philosophes hermétiques, qui fait des *Paris* et de la porcelaine, a proposè à un faiseur d'éloges, qui est son ami de coeur *depuis quatre, ans* l'essai d'un vase de sa manufacture, qu' il soutient étre à l'epreuve de la figure la plus ridicule ; il a voulu gager deux cents louis contre le pendant du tableau qui a occasionnè *leur*

*querelle*

*querelle, et leur détention* ; mais le faiſeur d'eloges, que l'on a accoutumé à croire toutes les poſſibilitès dans ce genre, eſt convenú de ce qu' a avancé le philoſophe, et n'a voulu expoſer ni ſon tableau ni ſa figure qui ſont tous les deux impayables.

On a vú des magiſtrats, deux ans après un jugement revêtú de toutes ſes formes prononcer ſur la même affaire prèciſement le contraire de ce qu' ils avaient prononcé d'abord ſans que ce fut une affaire de droit; Il ètoit queſtion d'un aſſaſſinat preſ-

que

que prouvé pour le quel le crim-inel a été emprisonnè quatre ans; aucune preuve n'a dètruit les inductions contre lui, que cent mille livers de rente, et ses alliances: le çoupable a ecrasè avec ces grands moyens un malheur eux gentil homme sans bien, qui'a été enfermé à perpétuité a l'epoque dé sa ruine.

Un de nos généraux qui s'est battú il y a trente ans avec Mr. de Mailleb. pour une fille, vient de refuser de mettre l'epeé á la main avec lec te d'hu—pour un démenti.

On apprend qu'il eſt un royaume en Europe dans lequel il eſt permis à tous les débiteurs, de faire banqueroute à leurs créanciers, à l'exemple du Souverain.

Il y a un homme en France qui eſt *un peu* fou, *trés* fripon, *horriblement* faux, ſcélérat *ſans bornes*, noir et perfide *à toute outrance*, qui joue un *grand rôle*, et paſſe pour un genie *trés eclairé*: On demande quel il eſt? et ce qui doit lui arriver, s'il échoue dans ſes projets?

Une groſſe Marquiſe Hydropique imaginaire depuis dix ans

vient d'être guerrie de cette idée, par les ſoins d'un Membre du Parlement de Bordeaux, qui lui a fait douze cents ponctions en ſix mois de tems qu'elle a paſſé chez ſa fille, mariée avec un autre Membre du Parlement de cette même ville. *(v)*

Il y a actuellement en France un cameléon portant ſimarre, et longue perruque, qui change de couleur à chaque impreſſion qu'il reçoit, *noir*, *blanc*, *ſanguinolent*, ou *pâle* ſa figure s'al-

*(v)* Cette Marquiſe eſt connue ſous le nom de *la belle veuve de toût paris*.

tére à tous les inſtans : on aſſure qu'au lieu de manger les mouches, il s'en ſert pour avoir le ſang dont il ſe nourrit.

On a averti le public par des affiches répandues dans le monde qu'avant trois mois on verrait *le patron de tous les gibets du royaume accroché a celui de Montfaucon, le grand guichetier, de la couronne enfermé au château royal de Bicêtre, un Marechal de France fuſillé ſous les murs de ſon pavillon, et que certain aiguillon empoiſonné, tuerait l'animal qui le porte enragé de n'a-*

*voir pû s'en servir contre un innocent :* Le Chanc---- ayant fait promettre mille louis à qui lui découvrirait l'auteur du placard? le lendemain a trouvé une lettre dans sa poche qui lui promet cent mille ecus s'il le découvre.

Un Marquis de création moderne vient de refuser à son ordinaire de mettre l'epée à la main sous le pretexte dont il s'est servi deja plusieurs fois que si on lui prouvait *cinquante mille ecus de rente, et beaucoup d'amour pour la vie* il se battrait; mais

mais ce brave gentilhomme a été aſſès malheureux juſquici' dans ſes affaires d'honneur, pour ne trouver qu'une ſeule fois l'égalité, et il fut trahi par ſon valet de chambre qui alla lui chercher un garde ; *on a eu la mechanceté dans le monde de dire que c'était par ſes ordres.*

Quelques femmes du Premier rang ayant parlé de Madame du Bar---------de Maniére à lui prouver qu'elles n'etaient pas ſes amies ; elle a chargé quelqu' un de leur Apprendre qu'elle le ſavait, et qu' elles les priait

priait de s'aller----faire----comm'elle---ce compliment grenadier a parú si plaisant aux personnes interessées, qu'elles se sont reconciliées, sans explication, et ne veulent plus se conduire, que par les conseils de la comtesse.

Une femme qui a les dents aussi noires, que les cheveux de son pére sont blancs, et qui n' excepte que son mari du nombre des gens, qui sont bien avec elle, ayant emprunté cent Louis au jeu d'un homme qui avait des prètentions depuis long tems

tems, et le voyant fort empressé à lui manquer de respect; lui demanda nonchalament, et à voix perdue *ce qu'il voulait, ce qu'il pretendait faire?* un silence insolent annonçant les intentions du prêteur, par ses gestes, la comtesse prononca à demi *les mots d'honneur et de vertu*; après quoi reprochant à son ravisseur le peu de délicatesse de son ame, elle ajouta en rougissant je vois bien oú vous en voulez venir? vous voulés m'humilier, *et me donner ma quittance.* Non rassurez vous Madame lui repliqua l' usurier; je vous estime trop pour

pour en agir ainsi, *il ne sera question que des intêrets.* (u)

La belle veuve a pris le parti de la philosophie dans sa petite maison des Boulevards, comme son démonstrateur en chef n'argumente pas assèz pour l'exercice de sa mémoire, elle a pris pour répétiteurs le Marquis de Roche--- ch---et le Chevalier de Coi--- qui ne la dédomagent point de la perte du comte de Sch---ce dernier lui ayant poussé des argumens bien plus profonds et bien mieux prouvès

(u) Pardonnés le moi Madame la Comtesse ! et convenés que si je vous trahis vous le meritez bien ! il y a un an que je vous le dois.

prouvès, que tous les prétendus, maitres qui l'environnent aujour d'hui.

Une jeune, et jolie ſemme qui avait épouſé un mari dans la finance, dont la figure ignoble, et les gouts crapuleux l'ont dégoûtée, àprès en avoir été ſèparée trois ans, *pour ne pas étre expoſée á des careſſes impies*, vient d'accoucher heureuſement d'un fils qu'elle n'aurait jamais eu l'occaſion de faire, ſi elle lui fut reſtée fidèle.

On ſoupçonne que le ſieur Antoine n'a pas tué la hyenne

depuis qu'il parait un monſtre a la cour, dont l'eſpèce a toujours été inconnue juſqu' ici ; c'eſt un animal carnacier qui tient de la nature *du tigre*, *du ſinge*, *et de l'ours* dont il approche le plus par la figure ; cruel, adroit, vindicatif, et opiniâtre, il n'entrepend rien qu'il n'en vienne à bout ; Il ſe lance ſur ſa proye comme le crocodile, en l'engloutiſſant tout d'un coup, et porte une criniére friſée comme celle du lion : L'oeil noir, et hardi de cet animal féroce, annonce ſon courage, et ſa cruauté.

On

On aſſure qu'il y a dans la finance une femme qui n' a jamais vû le ſoleil, qui a eu en bonne fortune tous les agréables, et les porte faix de *Paris*, qui eſt fort petite de taille, & fort vaſte dans ſes proportions ; on la dit pleine d'eſprit, de blanc, et de rouge, grande muſicienne, et aſſès généreuſe pour retenir ſes amans par des bienfaits.

La femme d'un Marechal de *France* (qui ſe croit) poulmonique, trouvant un mari de cette eſpèce trop délicat pour une dévote, s'eſt fait un cas de conſcience de le ménager, et s'est condamnée généreusement aux caresses grossiéres de son maître d'hôtel, qui serait encore laquais s'il n'avait pas été robuste.

On a présenté pour la seconde fois à la cour, une comtesse qui a vécu quinze ans à Versailles sans espérance de jamais aller plus loin que le grand commun (x) où s'était faite sa Première

(x) Le grand commun est un batiment destiné à loger les gens de service du chateau, toutes les tables de gentils hommes servans valets de chambre &c. sont au grand commun : Madame Bontems devenue comtesse académicienne, &c. a sauté du grand commun au chateau.

pre-

*présentation* ; elle n'avait alors que le droit (en sa qualité de femme du premier valet de chambre du Roi) de manger avec les officiers de la bouche, et les chefs de cuisine de toute la famille royalle, qu'elle a abandonné pour se rapprocher de leurs maîtres.

Il parait depuis deux mois au nord de cette ville, une comette fort extraordinaire, l'abbé, Messier assure qu'elle annonce quelque evénément considérable; elle représente une perruque enflammée, au dessus d'un sillon absolument noir : selon les prophêtes

phêtes de l'obſervatoire, c'eſt un homme de robe qui doit etre brûlé avant peu.

Le Sieur Louis qui entreprend les démonſtrations les plus difficiles, vient de prouver à l'académie de chirurgie, qu'une fille de dixhuit ans qui coucherait tous les jours avec un jeune homme du même âge, peut devenir groſſe naturellement; il appuie ce raiſonnement par l'exemple d'un frére, et d'une ſoeur qui ſe ſont oublié *après une jouiſſance paiſible de deux ans.*

On

On avait débité que le ſecret de la propagation, était perdu dans la maiſon d'un prince *(y) qui s'eſt détaché de ce monde par lambeaux*, mais à force de faire des recherches, et des eſſais, la fille de ce prince qui eſt mariée à ſon oncle, vient de retrouver ce ſecret pour la ſeconde fois, en badinant avec le comte de galard.

Un homme de qualité qui a fait légitimer ſa femme le

---

*(y)* Ce prince eſt mort ſous le biſtouri avec lequel il a eu pluſieurs affaires tres vives.

piſtolet à la main, vient de forcer ſon beaupére a faire ſon teſtament par la même voye.

On compte à *Paris* cent cinquante femmes connues ſous le nom de comteſſes, et de Marquiſes, à qui Madame *Gourdan* aſſure avoir refuſé ſa porte pluſieurs fois *(z)*.

On apprend qu'un capitaine de la legion de corſe qui a été bien avec la plus grande partie

(z) Madame la Miſe de ximèn---n'eſt pas du nombre ayant toujours eté dans la plus int me liaiſon avec Madame Gourdan qu'elle apelle ſa mére.

des

des femmes de *Paris* est au nombre des douze infortunés, que les corses ont envoyé au pape *pour la décoration de sa chapelle.*

Une bonne vieille veuve, qui s'était mariée par régime de santé avec un comte Breton, a été forcée aprés avoir vendu sa vaisselle, et ses diamans, *pour payer les dettes du comte* de recourir à son laquais pour la délivrer de ses desirs.

Une de nos Duchesses *très féconde, très qualifiée, et très vertueuse*, vient de vendre ses

 giran-

girandoles, pour empêcher son mari, qui avait perdú beaucoup d'argent au jeu, d'avoir les oreilles couppées.

La moitié de *Paris* regarde comme une messaline une vieille Duchesse, que l'autre moitié de cette ville regarde comme une sainte.

Il y a un quai à *Paris* qui n'a pas plus de vingt cinq maisons, parmi, les quelles on compte au moins, *quinze, à vingt niches de guébres (a)* dont

(a) Les anciens guébres avaient beaucoup de vénération pour le feu, les nouveaux en ont beaucoup de crainte.

la réputation n'eſt plus à faire.

On compte dans la ſociéte trois jeunes ducheſſes, ſi ſages, et ſi réſervées, que quand elles ſeraient auſſi laides, que Madame la Ducheſſe d'Olo--- elles ne pourraient pas étre plus reſpectables.

La vieille femme qui donne des culotes de velours à tous ſes protégés le jour des étrennes, ayant arrêté le memoire du tailleur qui la fournit; a trouvé qu'il s'était uſé à ſon ſervice, près de quatre cent culottes de velours pendant deux ans.

On connait un membre femelle du corps diplomatique, qui avec douze mille livres de pension, paye un loyer de mille ecus, nourit dix chevaux, et dix domestiques, donne à diner régulièrement tous les jours, un grand souper par semaine, &c. &c. cette excellence soûtient la dignité de son caractère avec beaucoup d'ordre quoique toute sa maison soit *à la merci*, et ouverte à tout le monde.

Une comtesse maritime, qui demeure à l'arsenal, après avoir

avoir fait baiſſer le pavillon à toutes les nations du monde a enfin échoué ſur un banc de ſable, oú elle fait eau de tous cotés. *(b)*

Une groſſe hollandaiſe devenue comteſſe en France a tellement pris nos uſages, qu'elle paſſe règulierement trois heures par jour à ſa toilette, un quart d'heure à table, ſix heures en caroſſe, et le reſte de ſon tems au

*(b)* Un marin prétend qu' un tampon bien juſte ſuffit á la comteſſe, pour la remettre á flot : la difficnltè eſt de le trouver.

lit,

lit, ou ſur ſa bergère à faire des heureux, et des noeuds.

La dignité de préſidente cuite au four, qu' avait feüe Madame la préſidente d'aligre vient d'etre accordée àune prèſidente de la rue Saint Louis, qui a eté obligée de faite ſes preuves avant que d'étre reçue ; ſes titres ont été dépoſés à Saint côme avec l'acte de ſa réception et le certificat du Sieur Nicole.

On a vú en France un apprentif Seigneur le lendemain qu'il n'a plus été obligé de s'habiller lui méme, pouſſer le rafinement juſqu' à prendre des valets *de taille, et de couleur uniforme* s'il

n'avait

n'avait pas eu le tems de dévenir colonel, on assure qu'il aurait été obligé de se faire laquais, ou soldat à la fin de la mascarade, *que l'on ne croit pas éloignée.*

Tout *Paris* est plongé dans la terreur, par la découverte, qne l'on a faite des amours d'un sphinx, qui s'est approprié une Marquise, dont le Public jouissait depuis quinze ans; on attend dans peu de mois un petit monstre, de cette union, dont le Marquis *Dasf.*— est très mécontent.

Il y a dans la magistrature du second ordre deux hommes

connús

connus pour ne condamner à mort, que les malheureux, qui n'ont pas de quoi leur payer le droit de vivre.

Le Licurgue de la France ayant besoin d'un homme à toutes mains pour rédiger ses projets, et traduire ses volontés, s'est fait présenter les régistres du greffe criminel, pour choisir parmi les fourbes que leur adresse à sauvé, un secretaire en état de le seconder: Son habileté l'a fait tomber sur le sophiste le plus impudent qui ait jamais existé

après

après lui ; c'eſt le chance— qui deſſine ſes plans, et cet homme de bien qui les enlumine.

La France vient de perdre un homme de la plus grande qualité, qui après avoir été détrouſſé par des voleurs ſans pouvoir ſe faire rendre juſtice, s'eſt décidé à renoncer au cordon bleu, à la pairie, et à l'opéra de Paris, pour pouvoir ſe plaindre en liberté et apprendre aux Francois qu'il ſait (c) *penſer* ſans jouer ſur le mot.

---

(c) La perſonne dont on parle ayant eu occaſion il y a quelques années de paſſer en angleterre, et étant retournée à Verſailles, répondit au Roi qui lui demandait ce qu'il avait fait à Londres ?—— *qu'il y avait appris à penſer. Oui des chevaux* ajouta le Roi : cememe homme prend aujour d'hui la peine de penſer pour tout le monde.

## Nouvelles Tranſparentes.

MADEMOISELLE *Durancy* dépitée de voir ſon laboratoire peu frequenté par les hommes, s'eſt fait préſenter à Madame la Ducheſſe de *Ville*—qui a été fort ſatisſaite du début de cette nouvelle *virtuoſe.*

Clairval qui s'etait mis en réputation par des aventures d'

d' éclat avec les femmes, eſt au jour d'hui montré au doigt pour avoir ſouppé tête à tête avec l'ambaſſadeur, qui a des honoré trial. *(d)*

On dit que Mademoiſelle *Clairon* a été ſouper chez le Marquis de *Vill*—pour goûter un peu de tout.

Mr. *l'Archevêque* de *P*— vient d' être opéré pour la troiſiéme fois de la fiſtu—ce vertueux prélat a ſouffert l'opé-

---

*(d)* Trial a été déshonoré dans l'eſprit de ſes camarades pour, avoir laiſſé payer ſes dettes par *l'ambaſſadeur Dont il s'agit ici.*

ration sans murmurer contre un apoticaire, que l'on dit en être cause.

D'*Alembert* déclamant il y a quelque tems contre les jésuites, Madame *Geoffrin* (cette illustre amie des gens de lettres) excusa la societé, en disant à d'alembert, que ces bons pères l'avaient mis à portée de gagner d'un coté, ce qu' il avait perdu de l' autre. *(d)*

---

*(d)* Dalembert étant au berceau a été circoncis à coups de bec par des poulets d'inde ; ce qui lui a donné beaucoup d'aversion contre les jésuites introducteurs de ses ennemis en *France*.

On

On vient d'avoir à *Paris* un exemple terrible de la justice du nouveau parlement, qui a fait enlever tous les petits chiens appellés *lexicons* et les a condamné par arrêt du 25 May dernier *à être brûlés en place de grêve* pour un crime que les bonnes moeurs dèfendent de reveler.

Les deux tiers de l'Opera sont actuellement admis dans les soupers *de Madame la Duchesse de Ville —de Madame de Sevig*,— et de Madame de *Port* — ce *Trio Laid*, est très faché que le le reste lui ait echappé jusqu'ici mais il espère en venir à bout avec de la patience, et de l'Argent.

Le Marquis de *Ville*—— fatigué de s'arracher la barbe pour paraître plus jeune, vient de prendre un róle de Vieillard qui le dispense de ce soin pour l'avenir.

On prétend que le Cardinal de *Bern*---nôtre ambassadeur à rome a ete naturalisé romain, par les cardinaux *pallavicino* et *acciaioli* qui l'ont traité en enfant de coeur, dans un assemblée nocturne du sacré collége.

Le

Le Marquis de *Marig*— ayant fait venir derome *une ſtatue de ganiméde* qui lui a coûte cent mille ecus, on prètend qu' il a—ete ſurpris en meditation aux pieds de cette ſtatue, par la Marquiſe ſa femme, qui eſt accourrue pieuſement avec une coupe, pour recevoir ſon encens, qui allait ſe repandre.

Mademoiſelle *Clairon* donne tres ſouvent à ſouper à Madame la Ducheſſe de *Vil*—et a Madame la Ducheſſe de *Beau*. Ainſi qu' à la *Premiere Preſidente*, et a Madame de *Port*——qui ont la bonté d' y admettre Mademoiſelle d'

*Oligny*

*Oligny*, et Mademoiselle *Dervieux*, ainsi que quelques autres *Princesses Amphibies*, dont la société leur est utile; Mr. *Le Duc d'Aum*---qui demeure entre Mademoiselle *Clairon* et le Marquis de *Vil*--a présenté réquête au Parlement pour les faire déloger tous les deux; comme ce bon Seigneur *a toujours eu peur du feu*, il craint si jamais l'un oú l'autre de ces banquets est calciné, qu'il ne soit compromis dans l'incendie.

Le descendant d'un fameux rebelle est parti pour *Navarre* avec ſix de ſes maitreſſes en habit de livrée; ce ſont des amuſemens peu ſcandaleux en y joignant ſurtout la précaution qu' a ce nouveau ſultan de faire porter de la barbe à tout ſon ſerrail.

Fréron accuſé par Mr. de Volt-- d'avoir avoué un peché honteux *(f)* en ſa préſence; s'en eſt vengé en reprochant à ſon antagoniſte d'avoir couché ſous le même toit avec *le Marquis de Vil--* et ſon *prétendú ſecretaire.*

*(f)* Dans une petite brochure intitulée *dieu* ou ſe trouvent quelques anecdotes ſur fréron Voltaire lui reproche d'avoir agi et ſoufert dans une même ſeance.

L'Ambaſſadeur d'une république ſituée ſur le golfe adriatique ayant été trouvé pamé entre les bras d'un inconnú dans le jardin du Luxembourg, a été ramene à ſon hôtel par deux ſuiſſes, qui lui auraient donné un logement s'il ne s'était pas nommé au ſortir de ſon *évanouiſſement* : les ſuiſſes, ayant remis ce Miniſtre entre les mains du ſecretaire d'ambaſſade, lui en ont dèmandé quittance, et ont refuſé l'argent qui leur a été offert pour garder le ſecret ſur cette pamoiſon.

Mr.

Mr. le *Comte* de *Noil*--- ayant pris des libertés ſcandaleuſes avec un de ſes laquais Ce ruſtre a renverſé *(g)* Monſeigneur d'un ſoufflet qui a retenu ſa grandeur au lit pendant huit jours.

Malgré cet accident qui a fait beaucoup de bruit, ce Saint homme continue toujours la diſ-

(*g*) Le Roi lui même apelle ce comte *Mgr.* en mémoire d'une lettre qu'il a écrite autre fois qui commencait par ces mots *Mgr.* le comte de noai prie *Mr.* *&c.*

tribution de ses petits paquets, (h) et l'exercice comique de sa pièté ; on croit que la tête de sa grandeur est un peu affaiblie par les bénédictions du peuple, et les suites de son ardeur dans les tentations : le laquais avec qui il a eu une affaire d'honneur est un Picard de la Premiére main, qui n'avait pas encore été préparè à faire le service d'un grand d' espagne, chevalier des ordres du Roi,

(h) Les petits paquets que distribue ce Saint homme sout des piéces de deux sous enveloppées de papier qu'il distribue tous les jours avec une affabilité qui le fait chérir des mandians, des vieilles femmes et de toute la canaille dévote de Paris.

Roi, lieutenant général, gouverneur de Verſ—Prince de P.—Seigneur d'Arpa.—grand croix de malte chevalier de la Toiſon d'Or, et membre ſeculier, de la ſociété de jeſus, *&c. &c. &c. &c.*

Si le général des jèſuites, avait deux ôtages a envoyer à Paris auſi beaux que les anges de loth, et plus, complaiſans, il eſt ſur de rentrer en France par cette porte, qui ſerait *très bonne*, quoique ceſoit une porte de derriere.

Comme

Comme on demandait il y a quelque tems au Marquis de Villet—pour quoi il avait pris une maitresse, il s'en justifia en disant qu'elle avait deux sphinct. *(i)*

Mademoiselle *La Cour* qui s'etait retirée au couvent de St. Gervais, *de peur d'etre mise à l'hopital* quand elle eut tué par ses caresses le prince de *Lambale* s'est fait préjenter à Madame la Duchesse de *Vil*— au moyen d'un secret de la

*(i)* Terme d'anatomie énigmatique pour tout le monde, hors les gens de l'art et les mècroyans.

commu-

communauté ou elle a eté pensionnaire ; mais sa voix *(k)* sépulchrale, ses dents postiches, ses cheveux roux, et sa mauvaise réputation l'ont empêchée d'etre recue à la suite de la troupe de la duchesse.

L'abbé *Grizel* qui donnait autre fois des conseils à Saint

---

*(k)* Le Palais de Mademoiselle la Cour s'est séparé de sa machoire par filtration, ce phénomène est expliqué dans une épigrame assez bonne.

De Keiser craignons les secrets,
De leurs déplorableseffets,
La Cour Hélas ! est unexemple ;
Voulant purifier son temple,
Elle a démoli son Palais.

*Billard*

*Billard (l)* pour de l'argent, et l'abſolution à ſes dévotes pour des confitures, a éte accuſé par le ſacriſtain de ſa paroiſſe, *à embraſſer* les petits enfans *qu'il confeſſe pour leur pénitence.*

La ſecte des *(m)* guébres à pris un deuil de trois mois, pour le champion de l'ordre, qui vient

---

*(l)* Mr. de Voltaire a dit dans une épitre à Mr. le Mal de Rich—

Je ne porte point le cilice
De faint Grizel ni Saint Billard,

*(m)* Le guébre qui vient de mourir, a tué un homme *etant jeune*, par ce qu'il ſoutenait que tous les guébres et aient des laches il ne put contenir ſon émotion et voulut prouver le contraire.

de

de mourir dans un grand hotel *rue de charenton* ou il a vécu à *diſcrètion* pendant trente ans.

Le fils d'un épicier de lille en flandre, qui s'eſt changé en baron depuis qu'il eſt entré au ſervice de France, et qui eſt devenu colonel, *à force de complaiſance pour un grand ſeigneur*, vient d'acheter *(m)* le grade de brigadier, qui le met----aujourd'hui au courant des *eſpèces* du Premier rang.

*(m)* On a vu dans les nouvelles politiques que ce grade s'achète

Un ancien officier des gardes françaises, qui a toujours abhorré les femmes libertines, vient de prendre une petite maison où il s'est renfermé avec une maîtresse fort sage qu'il fait passer pour son valet de chambre.

L'Ordre de la félicité (n) commence à se relever par les soins du grand maitre qui est

(n) Les Marques de l'ordre de la Félicité sont une *ancre avec les deux lettres F. S.* Le Mis Dechambonas en fut instituteur et permit aux femmes de se le conferer entr' elles. *A des conditions à peu près semblables*; a celles des chevaliers l'auteur prie les gens qui en sont de lui faire savoir dans quel tems cet ordre fut institué, et de lui envoyer copie des *statuts*.

un

un homme d'une conduite irréprochable, quoi qu'il ait *beaucoup de dettes, tres peu de fortune, et une réputation fort équivoque :* on le cite pour avoir les plus gros yeux de Paris, les gens les plus mal vêtus, le suiſſe le plus mal propre et la plus vilaine petite maiſon qu'il y ait au monde : elle eſt ſituée dans un marécage près le Boullevard des invalides.

Le nonce de ſa Sainteté vient de recevoir du ſacré collège un préſent de douze pages, qui ſera-

ſeraient en état, de ſaire le ſervice du cardinal le plus difficile; le ſouverain pontife y a joint deux eunuques noirs pour veiller a leur conduite, et empêcher les ſeigneurs français d'envahir les privilèges de la cour de Rome.

On vient de faire le dénombrement de tous les guébres qui ſont connus à Paris, leur accroiſſement eſt auſſi incroyable qu'effrayant; ſi la multiplication ſubite des moines qui ont envahi l'empire du monde chretien, ne préparait pas aux merveilles

de

de la procréation des êtres neutres, on ne croirait pas à la possibilité de leur existence : un controversiste prétend, que les jésuites ont répandu des missionaires dans le monde, pour fortifier leurs proselytes, et faire de nouvelles conversions on promet une couronne civique à chaque femme qui aura reçu l'abjuration d'un membre de cette secte ; elle est récommandée surtout aux femmes aimables, qui doivent vaincre leur répugnance pour être uiles à *l'humanité*.

Fin des Nouvelles.

BIBLIOTHÈQUE IMPR.

# CLEF
## DES
# NOUVELLES
## DE
## L'OPERA VESTALES, et MATRONES
## De *Paris*.

BIBLIOTHÈQUE IMPÉRIALE IMPR.

Page 4. *Mademoiselle Hingel.* &c. ce duc est gros comme le duc de Berw— a des chevaux blancs comme lui, est aussi dégoutant, et demeure dans la meme rüe f. St. Germain.

Page 6. *Mademoiselle Hingel,* &c. un ancien ami de Mademoiselle Hingel ayant voulu mettre l'épée à la main pour soûtenir que son absence était pour faire ses couches; l'auteur la prié de rengainer, et lui a promis de croire que le tout s'est reduit à faire un petit bâtard.

Page 7. *On assure que le chevalier,* &c. si le tour n'est pas vrai, il parait praticable, et pourait être très bon non seulement contre les femmes qui veulent de l'argent, mais contre celles qui ſe baricadent avec des mots et caracolent toujours ſur leur prétendue vertu.

Page 8. *Mademoiſelle Pélin, &c.* ſi on avait ajouté, que *molé* ſe charge de cette reſtitution au nom de la ducheſſe, celà éclairerait les objets de plus près, donnerait de l'emploi à cet aimable *Hiſtrion*; et ſoulagerait une femme de qualité qui commence à devenir reſpectable par ——— ſon âge.

Page 10. *Mademoiſelle Beauvoiſin, &c.* les filles de ſpectacle s'étant miſes, depuis quatre ans, ſur le pied des femmes de la Cour, qui ſont au dernier cran de la réforme, ont trouvé des rivales plus en credit qu'elles qui les ont empechées d'empiéter ſur leurs privileges, et leur ont fait defendre d'attirer des dupes à leur préjudice.

Idem. *Mademoiſelle Beauménil, &c.* l'auteur, qui ſe ſouvient d'avoir été ſur les lieux, croit que le géomètre a eu des raiſons de ſe plaindre ainſi que lui.

Page 13. *Notre muſique, &c.* la querelle des *ramiſtes*, et des *lulliſtes* doit finir par cet arrangement, on invite les actrices qui n'ont pas encore ſuivi l'exemple de Mademoiſelles D'Hauterive, et de Béze, à ſe guerrir de leurs prejugés

prejugés pour cimenter ce traité qui est fort sage.

Les *soupers, que donne, &c.* on apprend que les princes, ne vont plus ni à *pantin*, ni à *Versailles*, et que Mademoiselle Guim——a renvoyé sa musique et sa comédie pour payer ses dettes, ce qui est une conduite fort exemplaire.

Page 14. *Vestris commence, &c.* vestris ayant apellé Mademoiselle Hingel P——le Public a qui elle appartient, l'a forcé de lui faire des excuses en plein théatre.

Idem. *Monsieur d'Espinchal, &c.* Mr. de Gonzier ne pardonnera jamais à l'auteur son indiscretion, mais l'aventure est trop plaisante pour étre passée sous silence. Mgr. ne peut disconvenir lui meme, qu'un evêque qui signe un billet en calleçon et en bonnet de nuit, ne soit un être très plaisant à voir.

Page 16. *Detoutes les filles*, &c. Mademoiselle Guimard qui a aujourd-hui un suisse, un hôtel, six cheuaux autant de domestiques, et une fois autant d'amans s'est vú reduite a se chauffer tout natnrellement avec de l'amour, pendant les deux hyvers qu'elle a vécú avec le nommé léger, danseur de l'opera.

Page 17. *Il y a une Ecole, &c.* Mademoiselle de Lor, Bouscareille, grandy mère, bon, d'agee, &c.

P 2 mouve-

expliquent á leurs éléves la théorie de ces mouvemens, dont elles ont perdú l'habitude depuis longtems par défaut d' exercice.

Page 18. *On évalue les ablutions*, &c. Il y a beaucoup d' occaſions où ces ablutions ſont eludées, elles ſont dangereuſes dans les heures du travail (ſur tout) par l'action des liqueurs fraiches ſur celles qui ne doivent pas l' être.

Idem. *Mademoiſelle Béze*, &c. cette lettre de recommandation était commune à tout l'ordre de la felicité, auquel elle a été initiée par le duc, qui lui a appliqué les marques de l'ordre lui meme.

Page 19. *Mr. Briſſard*, &c. c'eſt l'opinion qu'on a du bon coeur de Mademoiſelle Veſtris, qui fait qu'on lui offre l'occaſion de faire une bonne action quand elle aura mis la derniere main á la ruine de ſon amant.

Page 20. *Mademoiſelle La Forêt*, &c. Les rubis Américains ſont d' une autre eſpèce que les rubis Perſans, et les Indiens, ils ſont moins durs, et, moins tranſparens (à la verité) mais les mines en ſont intariſſables.

Page 22. *Mademoiſelle apres avoir*, &c. Cette vieille fille s'eſt retireé du monde par dépit, s'eſt s'eſt miſe au couvent par ennui, et s' y eſt fait faire un enfant par beſoin.

Idem. *Le Comte de Sabr, &c.* Si Mr. le Comte ſe Fache, il aura tort, car on n' a pas dit qu'il a vendu les meubles de ſa femme pendant qu'elle était a la campagne, et on aurait pú le dire parce que celà eſt vrai.

Page 23. *Il a paru bien extraordinaire, &c.* Mademoiſelle de Lavaux paſſe pour faire ſes couches avec une facilité dont tous ſes amans ſe plaignent

Idem. *Mademoiſelle Vernier, &c.* Cette groſſeſſe heureuſement n'eſt pas plus dangereuſe, qu'une groſſeſſe qui n'aurait qu'un ſeul auteur le ſuperflu va aux cheveux et aux oreilles.

Idem. *Dorathéé du Bar——&c.* On aſſure que cette belle fille vendue pluſieurs fois, n'eſt reſtée à perſonne, rapport à un défaut qui l'a toujours fait revenir à ſon premier maitre.

Page 24: *Mademoiſelle Contat, &e.* Mademoiſele Contat eſt ſoeur d'un archer de robe courte, e depuis quinze ans donne à tous ſes amis des gentileſſes, qu'elle rejette ſur l' excés de ſon amour; on apelle ces petits cadeaux les chaleurs de Mademoiſelle Contat.

Page 26.

Page 26. *Mesdemoiselles de St. Julien, &c.* la légion de Made Goud ——— est composée des choeurs de l'opera, des figurantes, des danseuses de la comédie, des filles malentretenues, de celles qui entrent au service, et de quelque *femmes dépravées*, qui sont toujours les plus laides, et les plus mal honnêtes ; on en apelle à Made la marquise Do———i.

Idem. *Mademoiselles le Doux, &c.* ces deux mégères s'appellerent respectivement *voleuses, catins, coquines,* &c. &c. &c. se reprochèrent leurs goûts, leurs premiers pas dans le monde. *leur genre de débauche*, après quoi elles finirent par des soufflets, et des égratignures qui rendirent la scène tres sanglante s, *et très sale.*

Page 27. *On a découvert, &c.* Mademoiselle Montensier ne fait pas des petits marchés ; mais elle est traitable pour les négociations, qui en valent la peine.

Page 28. *Made Favard, &c.* L'Abbé de Voisenon est aujourd'hui le faiseur d' épigrames de Made Favard ; il lui fait regretter, malgré son esprit, les brusqueries du Marechal de Saxe, dont elle ne retrouve pas les bons mots.

Page 30. *Mademoiselle Allard, &c.* Il y a quelque tems que cette querelle s'est passée le juge-

jugement est un modêle d'arrêt pour les directures, si jamais ils se trouvent dans le cas de prononcer sur pareille affaire.

Page 32. *Le Prince de Cont--*, &c. Le Prince a eu effectivement la magnificence d'avoir douze pensionnaires à l' opéra, ce qui l' avait décidé à renoncer à *sa musique, et à ses grands soupers* pour soûtenir cette dépense ; dont il s'est enfin soulagé comme de tout le reste.

Idem. *Le Comte de P--- Ki*, &c. Il a ète effecment exilé de Paris, non pas pour s'etre baigné chez Mademoiselle du Thé, mais pour avoir aidè *au fils d'un duc* à gagner 14000, livres à un homme *qu'ils ont battù* parce qu'il ne voulait pas en perdre d'avantage *pour l'avoir* fait mettre en suite enprison sur des faux exposés au gouvernement ; mais par un bonheur innoui, la prison, oú était cet homme était *le fort l'evêque*, et il en a fait sorvir la verité ; s'il eut été à la Bastille son sort était dècidè sans retour.

Page 34. *L'usage permet*, &c. on permet á une fille un entreteneur, un bon ami, et un troisiéme amant domestique, qui s'apelle un greluchon, quand elles vont au delà on est en droit de faire les comparaisons humiliantes qui sont dans cet article.

# CLEF

## DES

# Nouvelles Enigmatiques.

Page 36. *Il y a dans la société, &c.* Mr. de Persea--- et le Marquis dont on parle ont tant de rapport entreux, que le public est maitre du jugement qu'il doit porter

Idem. *Le Gouvernement*, &c. Cet homme à ce qu'on apprend (à la honte de la nation) n'a été que ménacè, et est encore à Paris oú il est Banquier de Pharaon, moyennant une rètributoin que ses protecteurs rendent arbitrairè.

Page 37. *Il y a eu une querrelle, &c.* Comme les Colonels qui s'arrachent la barbe ne sont pas rares ainsi que les Chevaliers de St. Louis qui ont acheté leurs croix cette nouvelle serait fort difficite à éclairer, si Mr. le Comte de War---et Mr. de la Sa-----n, avaient pas eu une affaire de jeu, qui s'est arrangée par les voyes de la douceur.

Page

Page 38. *L'ambaſſadeur, d'un, &c.* le ſeul ambaſſadeur d'empire qu'il y ait à Paris, eſt celui de vienne, la ſeule ambaſſadrice de republique eſt celle de Hollande.

Idem. *Il y à la cour, &c.* c'eſt à force d'avoir hypotéqué ſon honneur que cette Marquiſe, qui eſt cependant *dame d'honneur par charge* s'eſt vú rèduite à nc pouvoir tirer parti du peu qui lui en reſte.

Page 39. *Nous avons un duc, &c.* ce duc donne la comédie *gratis* et fait rire tout le monde à ſes dépens dans ſa petite maiſon rüe de clichy.

Page 40. *Il paſſe pour, &c.* l'auteur eſt un aſtrologue relaché qui ne croit pas aux influences ſur les coeurs vertueux.——quant à la cérémonie que le prince a conſommée il eſt d'avis, *qu'il vaut mieux tard que jamais.*

Idem. *Le Marquis* ————&c Madame l'abeſſe de fimes eſt trop reſpectable pour qu'on puiſſe avoir des ſoupçons ſur elle.

Page 41. *Un de nos plus jolis ducs, &c.* Çe duc eſt ambré, a des chevaux anglais, des broderies du dernier goût, des laquais de ſix pieds, un très grand nom et une très petite fortune.

Idem. *Il y a à Paris, &c.* le Marquis de Cinq piés moins un pouce a fait les éloges de henry, et de Charles, a été logé à l'abbaye pendant un mois, a été jugé en dernier reſſort *par Made Bontems, quand il fut arrêté dans les tuilleries en état indécent*; a été enfermé pendant deux ans pour n'avoir pas tué Mr. le Comte de Sabr. et l'avoir dit. Le meme homme a perdu deux de ſes laquais, qui ſont ſortis de ſa maiſon pour entrer a bicêtre; il a refuſé de ſe Battre—— &c. &c. &c. ſi ſon nom n'était pas *une injure* on pourrait le lui dire, mais on ſetait par egard pour les lecteurs.

Page 43. *Une femme du premier, &c.* ſi celà n'eſt pas vrai, l'abbé qui s'en eſt vanté eſt un grand ſcélérat.

Idem. *On a publié, &c.* Il vaudrait mieux que celà fut à la lettre, que de voir paſſer le pouvoir entre les mains d'un homme dont le coeur annonce ce que l'on doit craindre de ſon eſprit.

Page 45. *On a frappé, &c.* plut à dieu! faſſe le ciel! ſont de belles expreſſions; on eſpere que le chanc——les entendra.

Idém. *Une très groſſe ducheſſe, &c.* On ne connait guéres que Made la Ducheſſe de Maz——qui viole de cette force, et les ſeuls ducs

ducs de gevres ou de St. Mégrin qui ayent des péres dévots ; on ne fait fur le quel des deux placer des foupçons mais cela parait regarder plus particuliérement le duc de gêvre *rapport à fes charmes.*

Page 46. *Un de nos philofophes, &c.* Il y a long tems que cettte offre a été faite *au Mis de Vi---* par un philofophe qui effectivement fait de la porcelaine ; fi on la donne comme nouvelle c'eft la faute des correfpondans de l'editeur de ces nouvelles.

Page 47. *On a vú des magiftrats, &c.* le malheureux la mongérie perira dans les cachots fans doute ? parce qu'il n'a pas cent mille livres de rente pour fe défendre.

Page 48. *Un de nos, généraux, &c.* celà n'eft pas furprénant, ce général n'etant alors qu'un très mince officier, mais la grande charge que lui a acheté fon beaufrere----la grande fortune dont il vient d'hériter par fa femme--- le cordon bleu, dont il eft revetu,------ les jolis petits enfans qu'il a fait faire--- (fans les caufes fecretes) font des moyens capables de temperer la bile la plus échaufée.

Page 49. *On apprend, &c.* Le miniftre qui dirige ce royaume croit que fon falut eft dans la culebute générale de tous les ordres de l'etat, on defire qu'il continue actuellement pour faire fentir enfin aux malkheureux qu'il

 opprime.

opprime *qu'ils ſont hommes*, et que leurs fers peuvent ſervir *à leurs tyrans*. s'ils ont le courage de *les enchainer*.

Idem. *Il y a un homme*, &c. On croit que c'eſt le chance—— et que s'il échoue il ſera pendu.

Idem. *Une groſſe marquiſe*, &c. On ne connait que l'ancienne bonne aime du Maréchal Diſenghien, qui ſe croye *hydropyque*, qui ait une fille mariée *à Bordeaux*, et qui ait eu des affaires *avec tout Paris*.

Page 50. Il y a actuellement, &c. Ce cameleon eſt beaucoup plus cruel que le cameleon naturel, il s'eſt accroché aux branches ainſi que le fait cet animal curieux, que les naturaliſtes diſent s'etablir ſolidement ſur la moindre branche avec ſa queüe.

Page 51. *On a averti le public*, &c. Si les donneurs d'avis tiennent parole on ſera frapper une médaille en mémoire de leur prophétie.

Page 52. *Un Marquis de Création*, &c. C'eſt le Marquis de Ville.

Page 53. *Quelques femmes du Premier*, &c. On ne les nomme pas.

Page 54. *Une femme qui a les dents*, &c. Si on voulait faire une perquiſition bien exacte dans la rue montmartre, on trouverait cette Comteſſe

teſſe chez ſon Pere ; mais il eſt inutile de la faire connaître.

Page 56. *La belle veuve, &c.* Cette aimable Philoſophe ſe diſtrait de ſes occupations ſérieuſes par la muſique, et l' éducation d' un ſerin.

Page 57. *Une jeune, et jolie femme, &c.* Son mari porte le méme nom que le premier medecin du roi et eſt auſſi laid que Mr. de Sén---- fermier général.

Idem. *On ſoupconne, &c.* Cet animal s'apelle un Maup-----.

Page 59. *On aſſure qu'il y a, &c.* Made Briſſard ne ſort Jamais que la nuit, mais comm'elle n'eſt pas en état de payer ſes amans, on ne croit pas que cela la regarde.

Idem. *La femme d' un maréchal, &c.* Cette bonne femme ſe partage entre la meſſe, ſon directeur, et ſon maitre d' hôtel ; ſon mari s'eſt mis *à l' orge* depuis qu'il eſt Marechal de France.

Page 62. *Le Sieur Louis, &c.* On croit que cela regarde les amours de Mr. de Wand----,

&c.

Page 63.

Page 63. *On avait debité, &c.* Cette jeune princesse aurait eu grand tort de laisser éteindre an ausi grand nom que celui de son mari, et consumer *une aussi jolie jouissance, qu'elle* inutile ment.

Idem. *Un homme de qualité, &c.* On croira peut étre que c'est le mari de Mademoiselle de Valroc---- parce qu'il a fait la moitié de ce que l'on dit.

Page 65. *Une bonne vieille venve, &c.* Cette pauvre comtesse n' a pris le parti du sacrement, que quand elle a eú épuisé toutes les autres voyes ; si on a connu Made la Comtesse de Maug-----, c'est sa meilleure amie.

Idem. *Une de nos duchesses, &c.* Ce trait s'est renouvellé deux fois par la meme femme, qui a fait promettre à son mari de ne plus jouer, et lui a conservé les deux plus belles oreilles qu'il y ait dans toute la Pairie.

Page 66. *La moitié de Paris, &c.* Made de Chaul---- a deux réputations toutes differentes l'une à la cour l'autre dans sa paroisse.

Idem. *Il y a un quai, &c.* On croit que c'est celui des théatins.

Page 67.

Page 67. *On compte dans la société, &c. Made de maz. Made de Lavall----*, Made de chati--- la j--- sont très estimées, mais---- *il en est encore trois que lon pourait nommer.*

Idem. *La vieille femme, &c.* Ce sont les Bancs de l'école de Made Geoffrin, qui usent si vite les culottes qu'elle donne.

Page 68. *On connait un membre, &c.* Made- l'Ambadrice de *Holl*-----est asséz oeconome pour faire toute sa dépense avec 12000 livres de pension.

Idem. *Une comtesse, &c.* Elle a trop d'esprit pour ne pas se tirer de ce mauvais pas si elle en envisage le danger *il est encore tems.*

Page 69. *Une grosse Hollandaise, &c.* Made la la Comtesse de Uss---- fait à peu prés la méme chose, et elle est d'Amsterdam.

Page 70. *La dignité de Presidente, &c.* Il n' y a de présidente cuite au foulg dans la rue St. Louis, que la voisine de l'hotel d'ecquevilly

Idem. *On a vu en France, &c.* Cet aprentif seigneur est un vicomte qui n' était pas gentilhomme il y a deux ans, il à l' attention délicate de se faire servir par des domestiques, qui soyent tous blonds *comme la comtesse sa tante.*

Page 71. *Tout Paris, &c.* Le Chanc——— sera père de ce petit monstre dont doit accoucher la Marquise Dasf.

Idem. *Il y a dans la magistrature, &c.* le Pr. du Roi et le lieutenant criminel d'une des plus grandes ville du monde.

Page 72. *Le licurgue, &c.* on soupçonne que ce fourbe s'apelle *moreau.*

Page 73. *La France, &c.* Cet homme de qualité a laissé un tiers de sa fortune entre les mains de quelques maltotiers, qui se l'arrachent pendant qu'il crie au voleur à cent lieües de l' endroit oú il a été pillé.

BIBLIOTHEQUE ROYALE I

# CLEF

## DES

# Nouvelles Transparentes.

Page 74. *Mademoiselle Durancy, &c.* cette actrice a un goût décidé pour le haut comique ainsi que Made la duchesse de Vill——— qui s'en sert pour sa comédie, &c.

Idem. *Clairval,* &c. l'ambassadeur qui a deshonoré trial, est le même que les suisses *du luxembourg*, ont ramené à son hotel.

Page 75. Mr. *L'archévêque*, &c. les *qui pro quo*, sont très dangereux surtout ceux desâpoticaires

Page 77.

Page 77. *On vient d'avoir*, les petits chiens se font tellement dérangés depuis quattre ans, qu'on a été obligé defaire une correction générale de tout l'espèce.

Idem. *Les deux Tiers*, &c. Celà doit s'entendre sans explication.

Page 78. *Le Marquis de Vill----*, &c. C'est une métamorphose *d'alcibiade en socrate*.

Idem. *On prétend*, &c. Malheureux prélat! qu'êtes vous aller faire á Rome?

Page 79. *Le Marquis de Marig---*, &c. La Statue existe, et le Marquis lui est fort attaché; mais le sacrifice ne s'est pas consommé sur du marbre.

Idem. *Mademoiselle Clairon*, &c. La Frayeur du duc est très legitime, les deux hotels seraient seriusement en en danger si nous etions dans le siécle des miracles.

Page 80. *Les descendans*, &c. C'est le tour dún homme d' esprit, qui veut ôter jusqu' à l' apparence du soupçon sur son compte.

Page 82.

Page 82. *L'Ambassadeur*, &c. ce ministre est aussi grand, aussi noir, aussi riche que celui qui paye les dettes de ses bons amis.

Page 83. *Mr. le Comte de No*——mgr. le Comte est un homme si pieux qu'il a tendu l'autre joue sélon la maxime des Saints, mais son laquais n'a pas eú le courage de fraper, deux fois un si bon maitre.

Page 85. *Si le général*, &c. le général des jésuites fera bien de se hâter, d'envoier ses otages avant que les honnêtes gens ne soyent remis en place.

Page 86. *Comm' on demandait*, &c. il n' y a que Vill —— dans le monde pour payer d'impudence au point de faire cette réponse.

Page 88. La secte des guébres, &c. l'aventure, de l'homme tué est arrivée au Chev-----g---- officier des mousq---noirs.

Page 89. *Le fils d'un épicier*, &c. On soûient que le Baron Delb--- et Mr. du Chang---- ne sont qu'une méme personne, cependant Mr. Delb. est baron, et Mr. du Change pére était épicier.

Page 90. *Un ancien officier*, &c. L'Abbé de l'Attag--- est parent de cet officier, et porte le méme nom.

Idem.

Idem *Lordre de la felicité*, &c. La réception pour les deux sexes est uniforme, cést une initiation Philosophique ou á peu prés.

Page 91. *Le nonce*, &c. Mr. l'Archév de Dam--- nonce du pape se sert de pages Italiens parce qu'il les trouve plus dociles que de toute autre nation.

Page 92. *On vient de faire*, &c. Si la liste de tous les Guébres qui sont à Pa is est imprimée avec leur histoire, on assure que ce livre sera le double de l'encyclopedië.

BIBLIOTHÈQUE IMPÉRIALE IMPR.

# ERRATA.

Page 2, Ligne 1 *de la note* en medeinne lisez en medecine.
Idem 4, Ligne *les gens de la-----* ajoutéz le mot *cour*.
Page 5, Ligne *charié* lisez *charité*.
Page 8, Ligne 5, *la duchesse* lisez *la comtesse*.
Page 16, Ligne peruquier lisez perruquier.
Page 21, Ligne 4, portior lisez portier.
Page 22, Ligne 3. an lisés au.
Idem. Ligne 4, qni lisez qui
Page 23, Ligne 4, groffe lisez grosse
Page 24, Ligne 14, l'impossibité lisez l'impossibilité.
Page 30, Ligne 2, ma heureusement lisez mal heureusement.
Page 31, Ligne 5, *de la note* vée lisez avec.
Page 37, Ligne 4, des la police lisez de la police.
Page 44, Ligne 2, *de la note* Mademoiselle d'Oligny lisez, M. D.
Page 48, Ligne 5, livers lisez livres
Idem Ligne 5, avec lecte lisez le comte
Page 69, Ligne 3 *de la note*, difficulté lisez difficulté.

www.ingramcontent.com/pod-product-compliance
Ingram Content Group UK Ltd.
Pitfield, Milton Keynes, MK11 3LW, UK
UKHW012043240726
13965UKWH00003B/1011